Fischers Fritze

fischt frische Fische…
Aber egal ob frisch oder tiefgekühlt, ob aus Süß- oder Salzwasser, ob als Filet oder im ganzen – Fisch ist leicht, gesund und läßt sich mit vielen Zutaten immer wieder abwechslungsreich kombinieren.
Und: Ob exotisch, deftig oder fein, die Zubereitung ist dank küchenfertig vorbereiteter Fischfilets und kurzer Garzeiten ganz einfach und schnell.

Sülze von Forellenfilet

Die Qualität des Fonds prägt den Geschmack der Sülze

Läßt sich gut vorbereiten

Zutaten für 4 Personen:
2 Blatt weiße Gelatine
1 kleine Stange Lauch (etwa 150 g)
1 kleine Möhre (etwa 60 g)
1/8 l Geflügelfond (aus dem Glas oder selbstgemachter Geflügelfond)
1 1/2 Eßl. trockener Wermut nach Belieben
1–2 Eßl. Weißweinessig
Meersalz
weißer Pfeffer, frisch gemahlen
200 g geräuchertes Forellenfilet
1 Eßl. feingehackte Dill-, Kerbel- und Petersilienblättchen
4 Förmchen von je 40–50 ml Inhalt (ersatzweise 4 kleine Tassen)

- Zubereitungszeit: etwa 30 Minuten
- Kühlzeit: etwa 3 Stunden

Pro Person etwa: 290 kJ/69 kcal

1

Die Gelatineblätter in kaltem Wasser einweichen.

2

Den Lauch putzen, längs aufschlitzen und gründlich waschen. Die Möhre schälen und waschen. Beides in kleine Würfel schneiden und mit dem Geflügelfond und dem Wermut in einen Topf geben. Das Gemüse in 5–8 Minuten weich kochen lassen.

3

Den Fond mit dem Gemüse von der Kochstelle nehmen. Die Gelatineblätter ausdrücken und in dem heißen Fond auflösen. Den Weißweinessig unterrühren, salzen und pfeffern. Im Kühlschrank oder in Eiswasser so lange abkühlen lassen, bis das Gelee nicht mehr ganz flüssig ist.

4

Die Forellenfilets fein zerpflücken und dabei vorhandene Gräten entfernen. Mit den Dill-, Kerbel- und Petersilienblättchen unter das abgekühlte Gelee rühren. In die vier Förmchen füllen. Mindestens 3 Stunden kalt stellen und fest werden lassen.

5

Zum Servieren die Förmchen kurz in heißes Wasser stellen und die Sülze auf kalte Teller stürzen.

Dazu paßt Portulaksalat oder ein gemischter grüner Salat.

Thunfischmousse auf Kapernsauce

Läßt sich bestens 3–4 Tage vorher zubereiten.

Raffiniert

Zutaten für 4 Personen:
1 Dose Thunfisch im eigenen Saft
(300 g Abtropfgewicht)
4 Sardellenfilets
1 Eßl. milder Senf
1 Eßl. Zitronensaft
100 g milder Joghurt
250 g Mascarpone
1/2 Teel. grüne Pfefferkörner
1 Bund glatte Petersilie
60 g kleine Kapern
2 mehligkochende Kartoffeln
(etwa 100 g)
2 Tomaten (etwa 100 g)
100 ml neutrales Öl
Weißweinessig
Meersalz
weißer Pfeffer, frisch gemahlen

- Zubereitungszeit: etwa 45 Minuten

Pro Person etwa: 3100 kJ/740 kcal

1

Den Thunfisch abtropfen lassen und grob zerpflücken. Die Sardellenfilets in Stücke schneiden, mit dem Thunfisch, dem Senf, dem Zitronensaft, dem Joghurt, dem Mascarpone und dem grünen Pfeffer im Mixer oder mit dem Pürierstab pürieren.

2

Die Petersilie waschen, die Blättchen abzupfen und fein hacken. 20 g Kapern fein hacken, mit 2 Eßlöffeln Petersilienblättchen unter die Mousse ziehen und etwa 15 Minuten kalt stellen.

3

Die Kartoffeln waschen, in einem Topf knapp mit Wasser bedecken und zugedeckt bei mittlerer Hitze in 20–30 Minuten weich kochen. Die Tomaten waschen, von den Stielansätzen befreien, in dünne Scheiben schneiden und klein würfeln. Die Kartoffeln abgießen, pellen und mit einer Gabel zerquetschen.

4

Das Öl in einer kleinen Pfanne erhitzen und die restlichen Kapern darin bei starker Hitze 6–8 Minuten anschmoren lassen. Mit ein paar Spritzern Weißweinessig, den Tomaten und der restlichen Petersilie unter die Kartoffeln mischen. Die Sauce mit Salz und Pfeffer abschmecken.

5

Einen Eßlöffel oder Eisportionierer in kaltes Wasser tauchen und damit von der Mousse Nocken abstechen. Die Nocken mit der Sauce anrichten.

Mit Stangenweißbrot servieren.

Schnell gebeizter Lachs

Eine raffinierte, schnell zubereitete Vorspeise für große Menüs.

Gelingt leicht

Zutaten für 4 Personen:
750 g frisches Lachsfilet mit Haut
Saft und Schale von 1/2 unbehandelten Limette (ersatzweise Zitrone)
1 gestrichener Teel. Meersalz (5–7 g)
1 Prise Rohrzucker
1 Prise weißer Pfeffer, frisch gemahlen
1 Prise Koriander, gemahlen
2–3 Eßl. milder Senf
1 Eßl. geröstetes Sesamöl (aus dem Naturkostladen)
1–2 Eßl. Mandelblättchen
Zum Garnieren:
Kerbelblättchen und Borretschblüten

- Zubereitungszeit: etwa 30 Minuten
- Kühlzeit: etwa 30 Minuten

Pro Person etwa: 1900 kJ/450 kcal

1

Das Lachsfilet entgräten (Seite 19), waschen, trockentupfen und bis auf die Haut senkrecht in 2–3 mm dicke Scheiben einschneiden (Seite 19).

2

Die Limette waschen und trockenreiben. Die Schale sehr fein abreiben und den Saft auspressen. 1–2 Eßlöffel Saft mit der Schale, dem Meersalz, dem Rohrzucker, dem Pfeffer, dem Koriander, dem Senf und dem Sesamöl gut verrühren.

3

Die Senfpaste mit einem Pinsel gleichmäßig in der Mitte von vier flachen Tellern verstreichen (Seite 19).

4

Das Fischfilet mit einem breiten Messer, ohne das graue Fett, von der Haut abschneiden (Seite 19). Die einzelnen Scheiben flach nebeneinander auf die Senfpaste legen und mit je einem Blatt Frischhaltefolie abdecken.

5

Die belegten Teller stapeln, mit einem fünften leeren Teller abdecken und mindestens 30 Minuten kalt stellen.

6

Die Mandelblättchen ohne Fett in einer Pfanne hellbraun rösten und abkühlen lassen.

7

Von den Tellern die Folie entfernen. Den Lachs mit den Mandelblättchen bestreuen. Mit Kerbelblättchen und Borretschblüten garnieren.

Dazu schmeckt gemischter Salat.

Gemüsefond mit Zanderklößchen

Sie können die Klößchenmenge verdoppeln und als Vorrat tiefkühlen.

Für Gäste

Zutaten für 4 Personen:
100 g Toastbrot
50 g Sahne
250 g Zanderfilet ohne Haut
1 Ei
150 g Crème fraîche (eiskalt gestellt)
1/2 Eßl. feingehackter Dill
Meersalz
weißer Pfeffer, frisch gemahlen
100 g Champignons
100 g Staudensellerie
3 kleine Frühlingszwiebeln
1 Eßl. neutrales Öl
1 Gemüsebrühwürfel
1/2 Eßl. feingeschnittener Sauerampfer nach Belieben
Pergamentpapier

- Vorbereitungszeit: etwa 45 Minuten
- Garzeit: etwa 20 Minuten

Pro Person etwa: 1500 kJ/360 kcal

1

Das Toastbrot fein zerbröseln und mit der Sahne verrühren. Das Zanderfilet würfeln, im Mixer fein pürieren, durch ein Sieb streichen und 10–15 Minuten in das Tiefkühlfach stellen.

2

Das kalte Fischmus mit dem Ei, der Crème fraîche, dem Dill, etwas Salz und Pfeffer im Mixer zu einer luftigen Farce verschlagen. Die Farce in eine Schüssel füllen, das Toastbrot dazurühren und mit Salz und Pfeffer abschmecken. Mit zwei Teelöffeln Klößchen formen und auf Pergamentpapier setzen (Seite 18).

3

Die Champignons mit Küchenpapier abreiben. Den Staudensellerie und die Frühlingszwiebeln waschen. Das Gemüse in feine Streifen schneiden. Das Öl in einer Pfanne erhitzen und das Gemüse darin bei mittlerer Hitze 7–10 Minuten schmoren lassen.

4

Den Gemüsebrühwürfel zerbröseln und mit 3/4 l Wasser in einem flachen Topf zum Kochen bringen. Das Papier mit den Klößchen in die kochende Gemüsebrühe tauchen. Wenn sich die Klößchen lösen, das Papier aus der Brühe ziehen und die Hitze reduzieren (Seite 18).

5

Die Klößchen, ohne zu kochen, etwa 15 Minuten garen lassen. Das angeschmorte Gemüse dazugeben und in etwa 5 Minuten fertig garen. Mit dem Sauerampfer garnieren.

Blätterteigtasche mit Limettensauce

Nur sehr kalter Teig wird im gut heißen Ofen kroß.

Für Gäste

Zutaten für 4 Personen:
600 g Lauch
200 g Möhren
1 Eßl. Butter
75 g Sahne
Meersalz • weißer Pfeffer, frisch gemahlen
600 g Lachsfilet ohne Haut
500 g tiefgekühlter Butter-Blätterteig
1 Eigelb • 3 Eßl. Milch
2 Eßl. Limettensaft
200 g Crème fraîche
1 Prise geriebene Limettenschale
1 Teel. feingehackte Estragonblättchen (ersatzweise Kerbelblättchen)
Für die Arbeitsfläche: Mehl

• Zubereitungszeit: etwa 1 1/4 Stunden

Pro Person etwa: 4700 kJ/1100 kcal

1

Den Lauch putzen, halbieren, gründlich waschen und in dünne Ringe schneiden. Die Möhren schälen und fein raspeln. Die Butter in einem Topf erhitzen und das Gemüse darin etwa 5 Minuten andünsten. Die Sahne dazugießen, 8–10 Minuten kochen lassen, salzen und pfeffern und auskühlen lassen.

2

Den Lachs von den restlichen Gräten befreien (Seite 19), kalt abspülen, in vier Stücke schneiden und salzen und pfeffern.

3

Den Blätterteig antauen lassen, in vier gleich große Stücke teilen und auf einer bemehlten Arbeitsfläche zu Rechtecken von 15 x 20 cm ausrollen. Aus den Teigstücken je zwei gleich große Fischformen schneiden (Seite 34). Das Eigelb mit der Milch verquirlen und die Teigränder damit bestreichen. Vier Fischformen mit je einem Stück Lachs und einer Viertelportion Gemüse belegen. Mit je einer Fischform abdecken und die Ränder zusammendrücken.

4

Auf dem Teig mit einem runden Messer Schuppen formen, den Schwanz und den Kopf markieren (Seite 34), mit der restlichen Eiermilch bestreichen und etwa 20 Minuten kalt stellen.

5

Den Backofen auf 200° vorheizen. Die Teigtaschen im Backofen (Mitte, Umluft 180°) in 20–25 Minuten goldgelb backen.

6

Für die Sauce den Limettensaft mit der Crème fraîche erhitzen. Mit Limettenschale, Salz, Pfeffer und Estragon würzen und zu den heißen Blätterteigtaschen servieren.

Fischsuppe mit Knoblauch-Croûtons

Ideal für schnelles, einfaches Garen.

Deftig

Zutaten für 4 Personen:
Saft und Schale von 1 unbehandelten Zitrone
150 g Schellfischfilet
150 g Rotbarschfilet
Meersalz • 750 g Fischköpfe
1 Zwiebel • 200 g Knollensellerie
3 mehligkochende Kartoffeln (etwa 150 g)
350 g reife Tomaten
1 Lorbeerblatt
1 Thymianzweig oder 1 Prise getrockneter Thymian
1/4 l trockener Weißwein
2 Scheiben Vollkorntoast
4 junge Knoblauchzehen
2 Eßl. Olivenöl, kaltgepreßt
1 Prise Nelkenpulver
1 Prise Cayennepfeffer
1 Eßl. Petersilienblättchen

• Zubereitungszeit: etwa 1 1/4 Stunden

Pro Person etwa: 1100 kJ/265 kcal

1

Die Zitrone waschen und trockenreiben. Die Schale in dünnen Streifen abziehen, den Saft auspressen. Die Fischfilets von vorhandenen Gräten befreien, kalt abspülen und trockentupfen. Mit Zitronenschale, 1 Prise Meersalz und 1 Eßlöffel Zitronensaft würzen und zugedeckt etwa 30 Minuten kalt stellen.

2

Die Fischköpfe von den Kiemen befreien und kalt abspülen. Die Zwiebeln pellen und achteln. Den Sellerie und die Kartoffeln schälen, waschen und klein würfeln. Die Tomaten waschen und vierteln. Das Gemüse mit den Fischköpfen, dem Lorbeerblatt, dem Thymian, dem Weißwein und 1/2 l kaltem Wasser in einen Topf geben und bei milder Hitze etwa 30 Minuten kochen lassen.

3

Das Toastbrot klein würfeln. Die Knoblauchzehen schälen, in hauchdünne Scheiben schneiden und mit dem Olivenöl in einer Pfanne erhitzen. Die Brotwürfel dazugeben und in etwa 7 Minuten goldbraun braten.

4

Die Fischfilets gleichmäßig in dünne Scheiben schneiden, in tiefe Teller legen und mit Zitronensaft und Salz würzen.

5

Die Fischköpfe, das Lorbeerblatt und den Thymianzweig aus dem Sud entfernen. Das Gemüse und den Sud durch die grobe Scheibe eines Passiersiebes treiben, mit Nelkenpulver, Salz und Cayennepfeffer würzen und aufkochen lassen. Kochend heiß über die Fischscheiben gießen. Mit der Petersilie und den Brotwürfeln garnieren und sofort servieren.

Fisch im Mangoldblatt gedämpft

Pikante Würze sind Oliven- und Pimentpaste aus dem Asienladen.

Läßt sich gut vorbereiten

Zutaten für 4 Personen:
1 kg Seelachsfilet
8 große Mangoldblätter
Meersalz
1 Eßl. Zitronensaft
2 Eßl. gemahlene Mandeln
1 Eßl. Olivenöl, kaltgepreßt
2–3 Eßl. grüne Olivenpaste (ersatzweise pürierte grüne Oliven)
1 Msp. Pimentpaste (ersatzweise Piment, gemahlen)
1 Zitrone
3 Estragonzweige
1 Wok oder Topf mit Dämpfeinsatz

- Vorbereitungszeit: etwa 30 Minuten
- Garzeit: 20–25 Minuten

Pro Person etwa: 1200 kJ/290 kcal

1

Das Seelachsfilet unter kaltem Wasser abspülen und mit Küchenpapier trockentupfen. In vier gleich große Stücke schneiden.

2

Vom Mangold die dicken Blattrippen ausschneiden. Die Blätter in kochendem Salzwasser 2 Minuten blanchieren, in Eiswasser abschrecken und auf einem Küchentuch auslegen.

3

Den Zitronensaft, die Mandeln, das Olivenöl, die Olivenpaste und die Pimentpaste gut verrühren.

4

Die Filets mit der Paste bestreichen, in je zwei Mangoldblätter wickeln (Seite 34) und mit Hilfe eines zweiten Küchentuches gut festdrücken.

5

Die Zitrone waschen, in Scheiben schneiden, mit den Estragonzweigen und 3/4 l Wasser im Wok oder Topf zum Kochen bringen. Die Fischpäckchen in den Sieb- oder Dämpfeinsatz legen, auf das kochende Wasser stellen (Seite 34) und zugedeckt etwa 25 Minuten dämpfen lassen.

Dazu paßt Gemüsesalat aus Zucchini, Möhren und grünen Bohnen.

Fisch einkaufen

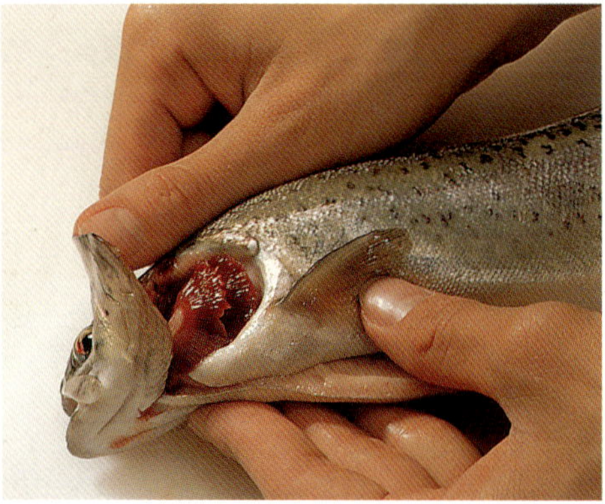

1 Beim Fischeinkauf ist Frische besonders wichtig. Ganze frische Fische haben dunkelrote Kiemen, gewölbte, klare Augen und eine glänzende Haut.

2 Drückt man bei frischem Fisch und -filet mit dem Finger eine Delle ein, muß sie nach dem Druck möglichst schnell wieder verschwinden.

Zanderklößchen zubereiten

1 Mit zwei Teelöffeln Klößchen formen und auf Pergamentpapier setzen.

2 Das Papier mit den Klößchen in die kochende Gemüsebrühe tauchen. Wenn sich die Klößchen lösen, das Papier aus der Brühe ziehen und die Hitze reduzieren.

Lachs beizen

1 Lachsgräten in der Richtung vom Kopf zum Schwanz mit einer Pinzette herausziehen.

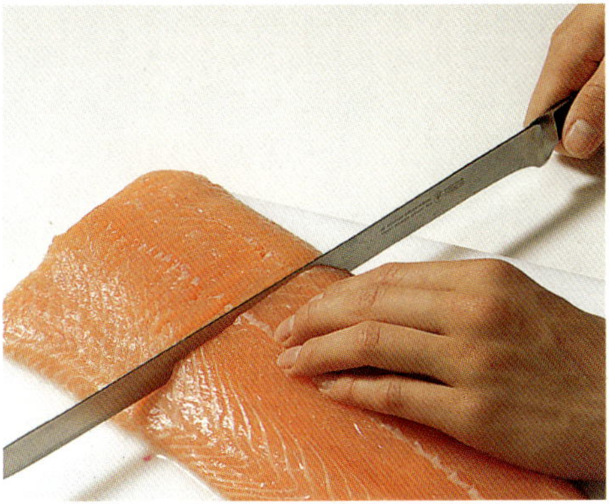

2 Das Fischfleisch senkrecht, bis auf die Haut in 2–3 mm dicke Scheiben einschneiden.

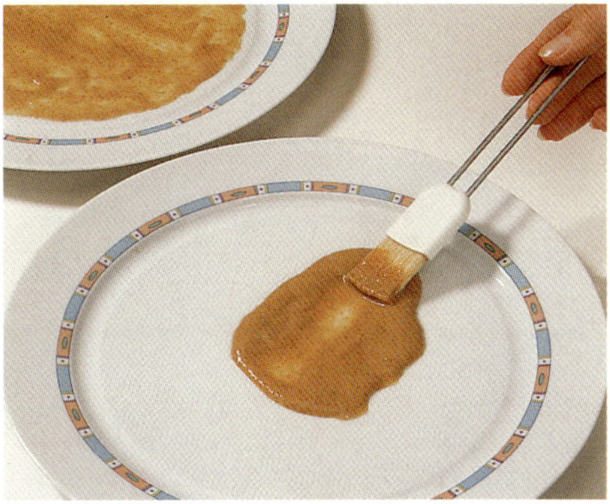

3 Die Senfpaste mit einem Pinsel gleichmäßig in der Mitte von vier flachen Tellern verstreichen.

4 Zum Trennen von Fischfilet und Haut ein breites, scharfes Messer nehmen, flach halten und so gleichmäßig durch das Fischfleisch ziehen, daß das graue Fett an der Haut bleibt.

Süß-sauer geschmorter Lachs

Ein einfaches, leichtes Gericht für heiße Tage.

Schnell

Zutaten für 4 Personen:
600 g Lachsfilet ohne Haut
1 Limette (ersatzweise Zitrone)
1 Orange
1 Stück frischer Ingwer (etwa walnußgroß)
2 Eßl. helle Sojasauce
1 Teel. Rohrzucker
1/2 Teel. Meersalz
2 kleine Frühlingszwiebeln
2 Eßl. neutrales Öl

- Zubereitungszeit: etwa 30 Minuten

Pro Person etwa: 1600 kJ/380 kcal

!

Stellen Sie die doppelte Menge Sauce her und servieren den fertiggegarten Lachs lauwarm als Vorspeise oder Zwischengang mit Strohkartoffeln.

1

Das Lachsfilet mit einer Pinzette von den restlichen Gräten befreien (Seite 19), kalt abspülen und in zwölf gleich große Stücke schneiden.

2

Die Limette- und die Orange auspressen. Den Ingwer waschen, würfeln und durch die Knoblauchpresse drücken. Den Saft der Zitrusfrüchte, die Sojasauce, den Rohrzucker und das Meersalz unterrühren. Die Marinade mit den Lachswürfeln mischen.

3

Die Frühlingszwiebeln putzen, waschen und in feine Streifen schneiden. Das Öl mit den Zwiebeln in einer Pfanne erhitzen und die Zwiebeln bei mittlerer Hitze in 5–7 Minuten goldgelb anbraten. Die Lachswürfel und die Marinade dazugeben, 5–7 Minuten schmoren lassen und servieren.

Dazu paßt Salat aus grünen Bohnen.

Forellenfilets im Kokosmantel

Gut geeignet auch für Zander und Schleie.

Raffiniert

Zutaten für 4 Personen:
600 g gehäutetes Forellenfilet
2 Scheiben Vollkorntoast
3 Eßl. Kokosraspel
2 Eier
3 Eßl. Crème fraîche
Meersalz
1–2 Eßl. Mehl
1 Prise Muskatnuß, frisch gerieben
40–60 g Butterschmalz

- Zubereitungszeit: etwa 45 Minuten

Pro Person etwa: 1800 kJ/430 kcal

!

Für den Linsensalat kleine braune Linsen etwa 30 Minuten kochen lassen und lauwarm mit einer Marinade aus Öl, Essig, Senf, Salz und Pfeffer mischen. Blanchierte Lauchringe, gewürfelte Tomaten und gewürfelte, gedünstete Möhren untermischen.

1

Das Forellenfilet in acht gleich große Stücke teilen. Die feinen Gräten mit einer Pinzette herauszupfen. Die Fischfilets mit kaltem Wasser abspülen und trockentupfen.

2

Den Vollkorntoast entrinden, würfeln und mit der Hand oder im Blitzhacker fein zerbröseln. Die Brösel mit den Kokosraspeln in einer Schale mischen.

3

In eine zweite Schale die Eier aufschlagen, die Crème fraîche dazugeben, salzen und mit einer Gabel glatt verschlagen.

4

Das Mehl, Muskatnuß und etwas Meersalz mischen.

5

Das Butterschmalz in einer großen Pfanne nicht zu heiß werden lassen. Die Forellenfilets mit dem Mehl bestäuben, durch die Eiercreme ziehen und von beiden Seiten in die Bröselmischung drücken (Seite 35). Die Filets bei mittlerer Hitze von jeder Seite in 3–4 Minuten knusprig braten und sofort servieren.

Dazu paßt lauwarmer Linsensalat mit Lauchringen.

Goldbrasse mit Petersiliensauce

Ein Rezept für besonders knusprig gebratenen Fisch (auch Titelbild)!

Schnell

Zutaten für 4 Personen:
1 küchenfertige Goldbrasse von etwa 1 kg
Meersalz
1/2–3/4 l neutrales Öl (nach Pfannengröße)
60 g Speisestärke
2–3 Eßl. feingehackte Petersilie
1/8 l Tomatensaft
1–2 Eßl. geröstetes Sesamöl (aus dem Naturkostladen)
1 Eßl. Reiswein (aus dem Asienladen, ersatzweise Sherry)
1 Eßl. Honig
1 Msp. Chilipaste

- Zubereitungszeit: etwa 45 Minuten

Pro Person etwa: 2900 kJ/690 kcal

!

Sie können statt der Goldbrasse auch ein Rotbarschschwanzstück von etwa 750 g nehmen. Schwanzstücke sind ideal, da grätenfrei!

1

Den Fisch unter kaltem Wasser abspülen und trockentupfen. Die Haut mit einem scharfen Messer rautenförmig einschneiden (Seite 35) und salzen.

2

Das Öl in einer breiten Pfanne erhitzen. Den Fisch in der Speisestärke wenden, leicht schütteln und im heißen Öl von beiden Seiten bei mittlerer Hitze in je etwa 10 Minuten knusprig ausbacken (Seite 35).

3

Für die Sauce die Petersilie, den Tomatensaft, das Sesamöl, den Reiswein, den Honig und die Chilipaste gut verrühren, salzen und zu dem knusprig gebratenen Fisch servieren.

Dazu schmeckt lauwarmer Gemüsesalat.

Fischfrikadellen

Ein ideales Rezept zur Resteverwertung.

Preiswert

Zutaten für 4 Personen:
300 g Kartoffeln
300 g gegarter Fisch (Reste)
100 g eingelegte Zwiebeln (aus dem Glas)
75 g Frischkäse
2 Eßl. Parmesan, frisch gerieben
2 Eier
1 Eßl. mittelscharfer Senf
Meersalz
1–2 Eßl. Mehl
60 ml neutrales Öl

- Zubereitungszeit: etwa 45 Minuten

Pro Person etwa: 1600 kJ/380 kcal

1

Die Kartoffeln gründlich waschen, in einem Topf knapp mit Wasser bedecken und zugedeckt bei mittlerer Hitze in 20–30 Minuten weich kochen.

2

Den gekochten Fisch fein zerpflücken und mit einem Messer fein hacken. Die Kartoffeln abgießen, pellen und zerstampfen oder durch ein Sieb treiben.

3

Die Zwiebeln kleinhacken. Mit dem Frischkäse, dem Parmesan, den Eiern, dem Senf, dem gehackten Fisch und dem Kartoffelmus verrühren und mit Salz abschmecken. Zugedeckt etwa 30 Minuten kalt stellen.

4

Mit nassen Händen aus dem Fischteig etwa zwölf Frikadellen formen und kurz im Mehl wenden. In einer großen Pfanne das Öl erhitzen. Die Frikadellen darin von jeder Seite bei mittlerer Hitze in je etwa 8 Minuten goldbraun braten und heiß oder lauwarm servieren.

Dazu paßt Tomatensauce oder Senf und Fladenbrot.

Kabeljau in Tomatensauce

Schonend gegart bleibt Fisch besonders saftig.

Für die schlanke Linie

Zutaten für 4 Personen:
200 g Zwiebeln
2 Knoblauchzehen
150 g Knollensellerie
2 Eßl. Olivenöl, kaltgepreßt
1 Dose geschälte Tomaten mit Saft (500 g)
1 1/2 Eßl. trockener Wermut nach Belieben
2 Thymianzweige oder 1/4 Teel. getrockneter Thymian
1 Rosmarinzweig oder 1 Prise getrockneter Rosmarin
2 Lorbeerblätter
800 g Kabeljaufilet
1 Prise Zucker
schwarzer Pfeffer, frisch gemahlen
Meersalz

- Zubereitungszeit: etwa 45 Minuten

Pro Person etwa: 1000 kJ/240 kcal

!

Besonders sanft garen Sie den Fisch, wenn Sie den Topf auf eine Warmhalteplatte stellen.

1

Die Zwiebeln und die Knoblauchzehen pellen. Den Sellerie schälen. Das Gemüse kleinhacken. Das Olivenöl in einem Topf erhitzen und das gehackte Gemüse darin bei mittlerer Hitze in 7–10 Minuten goldgelb anschmoren lassen. Die Tomaten mit dem Saft, dem Wermut, dem Thymian, dem Rosmarin und den Lorbeerblättern dazugeben. Bei schwacher Hitze etwa 20 Minuten köcheln lassen und dabei ab und zu umrühren.

2

Das Fischfilet unter kaltem Wasser abspülen.

3

Die Kräuterzweige und die Lorbeerblätter aus der Sauce entfernen. Die Sauce mit Zucker, Pfeffer und Salz würzen. Die Fischfilets in die heiße Sauce legen und bei ganz schwacher Hitze in etwa 10 Minuten gar ziehen lassen.

Dazu paßt Reis.

Fischauflauf mit Gemüse

Am besten eine Auflaufform aus Keramik oder Porzellan verwenden.

Braucht etwas Zeit

Zutaten für 1 Form von etwa 2 l Inhalt:
500 g mehligkochende Kartoffeln
3 Eßl. Butterschmalz
800 g Seefischfilet (zum Beispiel Kabeljau, Schellfisch oder Rotbarsch)
Meersalz
2 Eßl. Mehl • 300 g Tomaten
schwarzer Pfeffer, frisch gemahlen
6 Stengel Koriandergrün (ersatzweise Petersilie)
1 große Stange Lauch (etwa 200 g)
200 g Gemüsezwiebeln
1 Knoblauchzehe • 125 g Crème fraîche
2 Eßl. Butter • 2–3 Eßl. Paniermehl

- Vorbereitungszeit: etwa 1 Stunde
- Backzeit: etwa 35 Minuten

Bei 4 Personen pro Portion etwa:
2600 kJ/620 kcal

1

Die Kartoffeln gründlich waschen, in einem Topf knapp mit Wasser bedecken und zugedeckt bei mittlerer Hitze in 20–30 Minuten weich kochen.

2

2 Eßlöffel Butterschmalz in einer Pfanne erhitzen. Das Fischfilet abspülen, trockentupfen, salzen und im Mehl wenden. In dem Butterschmalz von beiden Seiten je etwa 3 Minuten anbraten.

3

Die Tomaten mit kochendem Wasser überbrühen, kalt abschrecken, häuten, von den Stielansätzen befreien, in Scheiben schneiden und salzen. Die Kartoffeln abgießen, pellen, in Scheiben schneiden und salzen und pfeffern.

4

Den Koriander waschen und die Blättchen abzupfen. Den Lauch putzen, längs aufschlitzen, gründlich waschen und in feine Ringe schneiden. Die Gemüsezwiebeln pellen, halbieren und in dünne Scheiben schneiden. Den Knoblauch schälen und kleinhacken. Das restliche Butterschmalz in einem Topf erhitzen. Das vorbereitete Gemüse darin 8–10 Minuten anschmoren lassen. Die Crème fraîche dazurühren, das Gemüse in etwa 10 Minuten weich schmoren lassen und mit Salz, Pfeffer und den Korianderblättchen würzen.

5

Den Backofen auf 190° vorheizen. Die Auflaufform mit 1/2 Eßlöffel Butter dünn ausstreichen und mit den Kartoffelscheiben auslegen. Die Fischstücke darauf legen und mit dem Gemüse abdecken. Die Tomaten darüber verteilen und mit dem Paniermehl bestreuen. Die restliche Butter schmelzen lassen und darüber träufeln. Den Auflauf im Backofen (Mitte, Umluft 170°) in etwa 35 Minuten goldgelb backen.

Fisch-Curry

Sie können für Kokosmilch ersatzweise auch Crème fraîche verwenden.

Pikant

Zutaten für 4 Personen:
800 g gehäuteter Seeteufel (ersatzweise gehäuteter Meeraal)
Meersalz
2 Knoblauchzehen
200 g Zwiebeln
1 kleine milde Chilischote
1 rote Paprikaschote (etwa 200 g)
200 g mehligkochende Kartoffeln
1 Stück frischer Ingwer (etwa walnußgroß)
200 g tiefgekühlte junge Erbsen
2 Eßl. neutrales Öl
1–2 Eßl. mildes Currypulver
1/4 l ungezuckerte Kokosmilch (aus dem Asienladen)
1/2 Eßl. feingehackte Minze
1/2 Eßl. Schnittlauchröllchen

- Zubereitungszeit: etwa 1 Stunde

Pro Person etwa: 1200 kJ/290 kcal

1

Den Seeteufel kalt abspülen. Das Fischfleisch mit einem scharfen Messer rechts und links vom Mittelknorpel abtrennen, in etwa 2 x 2 cm große Würfel schneiden und mit Salz würzen.

2

Die Knoblauchzehen und die Zwiebeln pellen und kleinhacken. Die Chilischote und die Paprikaschote halbieren, vom Kerngehäuse befreien und waschen. Die Chilischote in feine Streifen schneiden. Die Paprikaschote mit dem Sparschäler schälen und in kleine Stücke schneiden. Die Kartoffeln schälen und klein würfeln. Den Ingwer waschen, würfeln und durch die Knoblauchpresse drücken. Die Erbsen antauen lassen.

3

Das Öl in einem großen flachen Topf erhitzen, das vorbereitete Gemüse darin etwa 10 Minuten anschmoren lassen und dabei öfters wenden. Die Erbsen, das Currypulver und die Kokosmilch dazugeben und etwa 10 Minuten bei schwacher Hitze kochen lassen.

4

Die Fischstücke in die Gemüsesauce legen und in 10–13 Minuten garziehen lassen.

5

Den Curry vom Feuer nehmen und mit Salz abschmecken. Die Minze und die Schnittlauchröllchen darüber streuen und servieren.

Teigtaschen formen

1 Aus einem 15 x 20 cm großen Rechteck des Blätterteiges zwei gleich große Fischformen schneiden.

2 Auf dem Teig mit einem runden Messer Schuppen formen. Den Schwanz und den Kopf mit dem Messerrücken eindrücken oder mit dünnen, mit Eigelb bestrichenen Teigresten markieren.

Fischpäckchen zubereiten

1 Die bestrichenen Fischfilets in je zwei Mangoldblätter einschlagen und mit Hilfe eines Küchentuches festdrücken.

2 Den Sieb- oder Dämpfeinsatz mit den Fischpäckchen auf das kochende Wasser stellen.

Forellenfilet vorbereiten

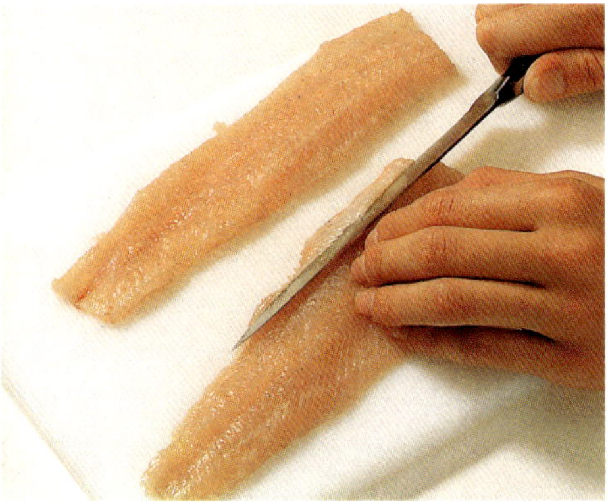

1 Noch vorhandene kleine Gräten mit der Pinzette herauszupfen. Fransige Filetränder wegschneiden.

2 Die Fischfilets erst mit Mehl bestäuben, dann durch die verschlagene Eiercreme ziehen und in die Bröselmischung drücken.

Goldbrasse zubereiten

1 Die Haut der Goldbrasse mit einem scharfen Messer schräg von rechts nach links, dann von links nach rechts rautenförmig einschneiden.

2 Den Fisch in Speisestärke wenden und in reichlich heißem Öl von beiden Seiten knusprig braten.

FISCH aus dem Fluß oder aus dem Meer, frisch oder tiefgekühlt – raffiniert zubereitet schmeckt er immer. In diesem Buch finden Sie:

ISBN 3-7742-2343-2

GU GRÄFE UND UNZER